¡VIVA LA TIERRA!
LOS CAÑONES

POR SARA GILBERT

CREATIVE EDUCATION • CREATIVE PAPERBACKS

Publicado por Creative Education y Creative Paperbacks
P.O. Box 227, Mankato, Minnesota 56002
Creative Education y Creative Paperbacks son
marcas editoriales de The Creative Company
www.thecreativecompany.us

Diseño y producción de Chelsey Luther
Dirección de arte de Rita Marshall
Traducción de Victory Productions, www.victoryprd.com
Impreso en los Estados Unidos de América

Fotografías de Alamy (Tetyana Kochneva, June Morrissey, Nature Picture
Library, Maxim Petrichuk, Sara Winter), Dreamstime (TMarchev, Dmitry
Vinogradov), Getty Images (Arctic-Images, Matteo Colombo, Anna
Gorin, Gordon Wiltsie), iStockphoto (4kodiakk, Spondylolithesis), Spoon
Graphics (Chris Spooner)

**Información del Catálogo de publicaciones de la Biblioteca
del Congreso** is available under PCN 2017935653.
ISBN 978-1-60818-941-0 (library binding)

9 8 7 6 5 4 3 2 1

*Imágenes de portada: Parque Nacional Altyn-Emel, Kazajistán (arriba);
Cañón del Antílope, Arizona (abajo)*

TABLA DE CONTENIDO

Tierra tallada 4

Murallas de roca 7

Agua corriente 10

Tipos de cañones 15

En todas partes hay cañones 16

Cañones famosos 19

Haz un cañón miniatura 22

Glosario 23

Índice 24

TIERRA TALLADA

¡Estar de pie al borde de un cañón puede dejarte sin aliento! Parece como si se hubiese abierto un profundo sendero dentro la Tierra. Lo que ves son capas de rocas que pueden tener millones de años.

PIEDRA CALIZA

MURALLAS DE ROCA

Un cañón es un valle profundo y angosto que pasa entre dos barrancos. Está excavado en rocas duras como el granito, la arenisca, y la piedra caliza.

Los cañones pueden tener más de una milla de profundidad y varias millas de ancho. A veces un río corre por ellos.

AGUA CORRIENTE

La mayoría de los cañones se forman por **erosión**. Con el tiempo, los ríos desgastan las capas de roca. El viento también puede formar cañones. Al soplar, se lleva la tierra más suave.

A veces, los cañones se forman porque el agua se congela en las grietas que hay entre las rocas. El hielo rompe la roca.

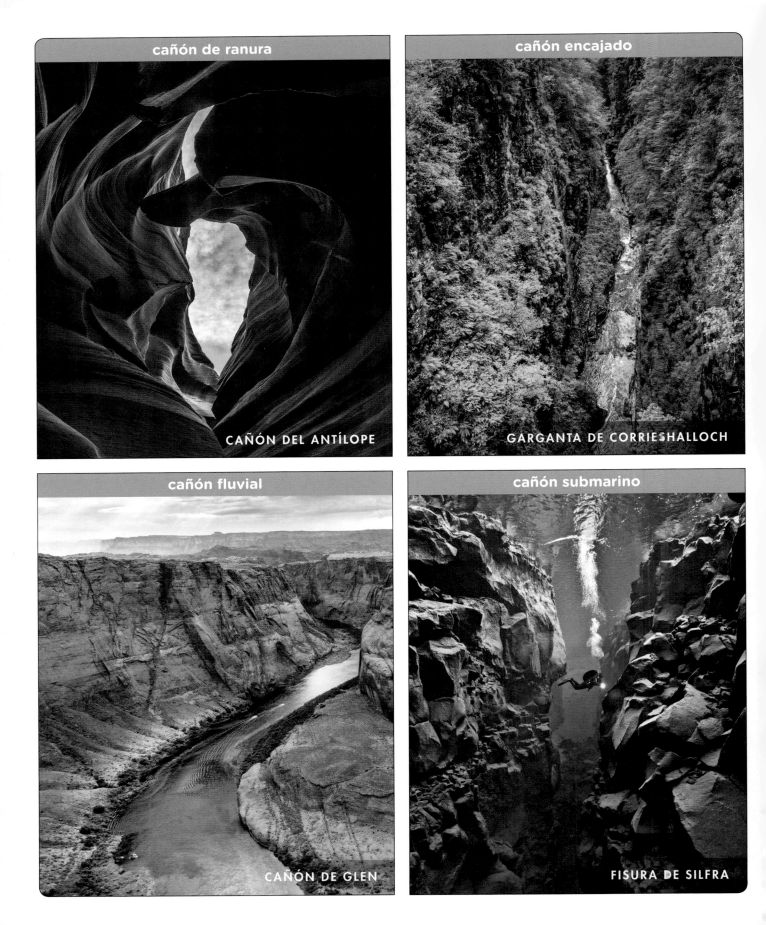

cañón de ranura

CAÑÓN DEL ANTÍLOPE

cañón encajado

GARGANTA DE CORRIESHALLOCH

cañón fluvial

CAÑÓN DE GLEN

cañón submarino

FISURA DE SILFRA

TIPOS DE CAÑONES

Todos los cañones son diferentes. Los cañones angostos con paredes lisas se llaman cañones de ranura. Los cañones encajados tienen tres lados. Los cañones que están debajo del agua se llaman cañones **submarinos**.

EN TODAS PARTES HAY CAÑONES

Los cañones se pueden encontrar en casi todos los **continentes**. En cualquier lugar donde fluya el agua, se puede formar un cañón. Son más comunes en zonas calientes y secas.

CAÑÓN BLANCO, EGIPTO

CAÑÓN DE YARLUNG TSANGPO, TÍBET

CAÑONES FAMOSOS

El cañón más profundo del mundo está en el Tíbet. ¡Tiene 18,000 pies (5,486 m) de profundidad!

GRAN CAÑÓN

El Gran Cañón está en Arizona. ¡Mide 277 millas (446 km) de ongitud! Cerca de 5 millones de personas lo visitan cada año. Puedes ir de excursión al cañón o verlo desde un autobús o un helicóptero. ¡Es excelente para unas vacaciones en familia!

ACTIVIDAD: HAZ UN CAÑÓN MINIATURA

Materiales

Arena

Colorante de alimentos

Recipiente transparente para guardar comida

5 bolsas para sándwich

Agua

Tijeras

1. Llena cada bolsa para sándwich con arena.

2. Agrega varias gotas de colorante en cada bolsa y agita por un minuto. La arena coloreada es para las diferentes capas de roca.

3. Vierte en el recipiente una bolsa de arena a la vez. Haz capas uniformes en el fondo del recipiente. ¡Mira por un lado del recipiente para ver las diferentes capas!

4. Llena con agua una de las bolsas vacías para sándwich. Usa las tijeras para cortar un agujero pequeño en una de las esquinas de la bolsa. Deja que el agua caiga en tu arena para formar un río.

5. Inclina el recipiente para ayudar a que el agua fluya. ¿Qué sucede a medida que el agua corre por la arena?

GLOSARIO

continentes: cada una de las siete grandes extensiones en que está dividida la Tierra

erosión: el proceso de desgastarse lentamente

submarino: que existe debajo de la superficie del mar

ÍNDICE

barrancos **7**

erosión **10**

Gran Cañón **21**

hielo **12**

ríos **9, 10**

rocas **4, 7, 10, 12**

suelo **10**

tamaños **9, 19, 21**

Tibet **19**

tipos de cañones **15**

viento **10**